GIOVANI IMPRESE

CONSIGLI E TRUCCHI DI SUCCESSO

GIOVANI IMPRESE: CONSIGLI E TRUCCHI DI SUCCESSO

CONTENUTI

L'imprenditorialità: una visione

Diventa un imprenditore

Usa il vantaggio della tua giovinezza

Pensiero strategico per i giovani imprenditori

Crea un piano di marketing per piccole imprese di successo in 7 semplici passaggi

I principali fattori di una startup di successo

Idee per il futuro

Promozione

Efficienza operativa

Errori nella creazione di aziende

Cosa produrre?

Come produrre?

Quanto devi produrre?

Miti sull'imprenditorialità

Etica negli affari

Suggerimenti per la comunicazione per la gestione aziendale

Gestione del tempo per gli imprenditori

Attributi di leadership per il successo aziendale

Calcola i tuoi costi iniziali

Ottenere fondi di investimento per la tua azienda

Segna la tua attività

L'imprenditorialità: una visione

Finora hai letto alcune delle caratteristiche dell'imprenditoria. "La pratica rende perfetti" è il motto di tutto nella vita e soprattutto se sei un imprenditore. La conoscenza nei libri può aiutarti a evitare errori, ma niente è meglio dell'esperienza pratica di vedere ciò che funziona per te.

Se si dispone di una corretta passione, il formato del business sarà adeguato. Ma prima di fare il salto di fede, assicurati di essere preparato anche in altri modi.

Dall'inizio dell'attività per funzionare senza intoppi richiede molta dedizione e sacrificio. Ciò significa che la vita personale, giovane o anziana, subirà alcuni colpi. La famiglia e gli amici dovrebbero essere di supporto, poiché dovrebbero sapere cosa serve per avviare un'attività e i suoi effetti sulla vita familiare. Molti di voi possono scegliere di avere un lavoro nei primi giorni di avvio di un'attività; ciò significa che ogni tuo tempo libero dovrà essere dedicato alla gestione del business.

Lo spirito imprenditoriale influenza o salute. Essere magri e cattivi fa bene agli affari, ma spesso significa passare più ore a fare quello che pagheresti ad altre persone. Pertanto, per sopravvivere a più di 14 ore al giorno di lavoro, sette giorni alla settimana devi essere al top delle tue condizioni fisiche e mentali. Una corretta alimentazione e un regolare regime di allenamento si prenderanno cura della tua salute. È difficile godere del successo sdraiato nel letto d'ospedale.

Conosci i tuoi punti di forza nel settore e assumi altre persone per fare gli altri lavori. Molti proprietari di case pensano che dovrebbero essere bravi a fare tutto. Questo sicuramente non è il caso. Anche se a volte conoscere tutti gli aspetti del business è vantaggioso. Nel caso in cui qualcuno si ammali. Da un punto di vista aziendale, avere una squadra in cui sei l'anello più debole non è male.

Oltre a conoscerci punti forti, dovresti anche conoscerci zone di comfort.

Te la sensaziones comodo essere il capo e con i dipendenti che sono più vecchio di te?

Hai a che fare con le molteplici personalità che possiedono i tuoi dipendenti?

Gestire i soldi e prendere decisioni finanziarie? Inizia a indebitarti prima di iniziare la tua attività prima di vedere i profitti?

Lasciare alcuni anni prima di vedere abbastanza guadagni per ottenere uno stipendio fisso?

Queste sono solo alcune cose che dovreste tener conto e hanno un piano respal fare o due pronti se te inciampa con loro sulla strada.

Diventa un imprenditore

Per diventare un imprenditore di successo hai bisogno di buone idee, un po 'di fortuna, denaro e molto lavoro. Il 90% delle persone di successo fallisce, il che significa che per vincere qualcosa (profitto, equità, ecc.) Devi prima perdere qualcosa (il tuo investimento iniziale). Phat-farm è un'azienda multimilionaria il cui proprietario Russell Simmons ha perso $ 10 milioni nei primi cinque anni.

Non ci vuole molta esperienza e risorse, ma per diventare un imprenditore di successo ci vogliono passione e perseveranza.

Trasformare le idee di tutti i giorni in affari è ciò che rende straordinario un normale imprenditore. Questo talento o dono è ciò che li rende unici. La maggior parte inizia con risorse molto limitate e supera i concorrenti grazie allo sforzo personale. I movimenti devono essere rapidi e devono essere prese buone decisioni per guadagnare quote di mercato e avanzare nel caso di grandi concorrenti.

Differiscono per età, genere e razza, ma è facile riconoscere un imprenditore e la sua attività. Possono arricchirsi con le loro idee, ma il punto di partenza è cercare aree che non vengono servite e cambiare il modo in cui le cose vengono fatte. Una buona idea non è la stessa di un'opportunità ideale. Comprendere la distinzione ti farà risparmiare tempo, fatica e denaro.

L'imprenditore crea una visione e spinge l'azienda attraverso alti e bassi verso il raggiungimento di tale visione. Diventare imprenditore è allo stesso tempo un'esperienza terrificante, eccitante, preoccupante e tuttavia emozionante. Ma prima di diventare uno, devi prima capire il concetto di imprenditoria. Esistono molti tipi di imprenditori, come sociale, domestico, virtuale, tradizionale, ecc.

La definizione ampiamente accettata di imprenditorialità sarebbe quella di creare una nuova organizzazione o sostituirne una vecchia per rispondere a determinate opportunità identificate. Qualora essere consapevoli del fatto che una gran parte di nuove imprese falliscono. Le persone di maggior successo sono quelle che non hanno paura di sperimentare, imparare dai propri errori passati e rettificarsi per avere successo.

La differenza tra un imprenditore e un piccolo imprenditore è il processo o il metodo che si desidera instillare per l'espansione aziendale. I proprietari di piccole imprese vorrebbero che la loro attività fosse così com'è, cioè piccola e geograficamente limitata che ne guadagna solo pochi milioni nella loro vita.

Le aziende imprenditoriali cercano di guadagnare milioni nei primi 3-5 anni e di espandersi a livello internazionale sfruttando ogni opportunità. Altre caratteristiche sarebbero la concentrazione, la propensione all'innovazione e la creazione di nuovi valori per scuotere il mercato. Negli Stati Uniti, le piccole imprese forniscono il numero massimo di posti di lavoro, mentre i datori di lavoro forniscono la maggior parte del lavoro.

Usa il vantaggio della tua giovinezza

Ora sei solo un bambino, concentrati sugli studi. Per le aziende hai bisogno di esperienza. Blah blah blah blah .... Le persone avranno numerose ragioni per non avviare un'attività, tutte per buone intenzioni.

Ma prima di ingoiare tutto ciò, pensa per un momento a Bill Gates che ha lasciato Harvard per avviare Microsoft, Michael Dell che ha lasciato l'Università del Texas per avviare Dell, Milton Hershey che ha aperto il suo primo negozio di caramelle a 18 anni, Fred Smith che, mentre frequentava Yale, ricevette una "C" nel suo piano aziendale Fedex e decise comunque di iniziare la sua attività, Steve Jobs lasciò la Reed University per fondare Apple, William Hewlett e David Packard che iniziarono HP da un garage dopo la laurea a Stanford o le migliaia di giovani che hanno iniziato un'attività e hanno avuto successo.

Cosa sarebbe successo se fossero stati convinti di questi argomenti poco convincenti e sostenuti dal loro piano aziendale? Dovremo vivere senza un Dell, un Microsoft, un HP, un Hersheys, un Fedex o un Apple .... oh! Horror horror !!!!

Il modo migliore per inclinare la carta a tuo favore:

Gli adulti si aspettano meno dai giovani e possono essere utilizzati a proprio vantaggio. Va bene se non sei perfettamente lucido. Ci vorrà meno sforzo per accontentare i clienti e farsi un nome nei media.

C'è poca concorrenza da parte di altri studenti, rendendo la loro storia più degna di stampa, borse di studio, competizione, clienti e premi.

Ci sono molte organizzazioni senza scopo di lucro e individui che supportano gli sforzi dei giovani. Il primo in questo elenco è la tua scuola, che probabilmente ha insegnanti che hanno contatti nella comunità aziendale che possono aiutarti.

Gli studenti hanno spesso un reddito dai loro genitori. Anche se non è coerente, allora è qualcosa che sai che puoi sempre cercare. Se la tua avventura fallisce quando sei giovane, sicuramente non morirai di fame o perderai la casa.

Le conoscenze pratiche apprese dalla gestione della tua azienda possono aiutare il tuo lavoro accademico e viceversa. Alcune scuole ti permetteranno di guadagnare credito accademico da uno studio indipendente della tua attività. È inoltre possibile progetti di classe base in t o per affari.

GIOVANI IMPRESE: CONSIGLI E TRUCCHI DI SUCCESSO

I giovani hanno una nuova prospettiva sul mondo. Questa prospettiva li aiuta a vedere molte opportunità che fino ad ora non sono state sfruttate. I fondatori di Microsoft, Dell, HP, Hersheys, Apple e Forex risponderanno per te.

Pensiero strategico per i giovani imprenditori

Il pensiero strategico è sia scienza che forma d'arte. Need uso sia il ragazzo o destra e la sinistra di t u cervello per davvero eccellere, e questo richiede la fiducia e la pratica.

Di seguito sono riportate alcune delle competenze che i grandi strateghi possiedono e utilizzano quotidianamente:

Vedono grandi cose e poi usano il pensiero strategico per farli accadere. Avere queste due abilità significa che possono vedere un futuro desiderabile e sviluppare una strategia che si concentri sui dettagli e sul quadro generale, al fine di crearlo.

Prenditi del tempo libero dalle seccature quotidiane di un lavoro da 9 a 5 anni. Tutte le grandi catene del gas lo fanno. Basta andare in un posto tranquillo - preferibilmente un ritiro nel fine settimana, ma un giorno o anche un pomeriggio libero, in mancanza di ciò - e sedersi con il cappello per pensare. Provalo.

Il pensiero strategico, come suggerisce il nome, non riguarda i soldi in fretta, ma per vedere il quadro generale e il piano per i prossimi anni. I risultati immediati potrebbero non essere impressionanti, ma alla lunga il pensiero strategico ripaga. Uno dei motivi del risultato immediato non impressionante è che le strategie, come i capolavori, richiedono tempo per creare, perfezionare e rivedere.

Tutti i veri strateghi sono pienamente consapevoli di tutto ciò che accade intorno a loro. In tutte le questioni commerciali, ci sono indizi, siano essi sottili o meno, che avvisano coloro che li notano delle possibili direzioni in cui la preoccupazione può essere presa. Poiché i grandi strateghi assorbono queste informazioni, li aiutano a formulare meglio i loro piani quando l'ispirazione colpisce, che sia in vacanza, in una passeggiata mattutina o subito dopo la prima tazza di caffè espresso. La tua capacità di rilevare e creare collegamenti ti mantiene in regola.

Assicurati che la tua grande idea non sia un sogno irrealizzabile. Tutti i grandi pensatori devono assicurarsi che la loro idea sia valida, che rimanga in un mondo pieno di problemi e cambiamenti. Occorre rinnovarsi costantemente e ricercare piani più ampi.

Usa le esperienze che hai avuto per aiutarti a pianificare meglio. Se un esperienza ha lavorato bene ed ha salvato un sacco di tempo e fatica, non esitate a riadattarla per un nuovo piano.

Non dipendere solo da te stesso, non importa quanto bene puoi pensareo sapere. Usa colleghi fidati per far rimbalzare le tue idee. Nel caso del pensiero strategico, "due teste sono meglio di una" è un vero adagio che "troppi cuochi rovinano il brodo".

Crea un piano di marketing per piccole imprese di successo in 7 semplici passaggi

Prima di avviare una piccola impresa, devi prima capire la necessità del mercato di riferimento, quindi provare a fornire una soluzione adeguata.

Questi 7 passaggi devono essere utilizzati dagli imprenditori che desiderano avviare una nuova attività o creare un piano di marketing per un'installazione esistente di successo. Molte persone parlano della grandezza dei loro prodotti o servizi. Invece, si deve educare il mercato di riferimento regolarmente e costruire un rapporto di fiducia e credibilità.

"Pensa al marketing" è la mentalità che deve essere sviluppata per i tuoi prodotti e servizi. Devi vendere costantemente. Non ti lascare ingannare dalla commercializzazione di "stop and go". Alcuni piccoli imprenditori iniziano a commercializzare solo durante le basse stagioni.

Avere un piano di marketing di successo è essenziale per l'imprenditorialità. I profitti e la crescita sono direttamente proporzionali al marketing efficace.

Se si è in pensiero sul dove cominciare, questa guida ti fornirà 7 passi che vi aiuteranno a capire il mercato e di business.
Risponderemo alle seguenti domande:

1. Chi è il tuo mercato di riferimento? Chi è il tuo cliente ideale? Quale ricerca deve essere fatta per saperne di più sul mercato di riferimento?

2. Cosa desidera il tuo cliente ideale? Cosa fanno i tuoi prodotti e servizi per loro? Quali problemi del cliente sono risolti dal tuo prodotto? Di quali soluzioni ha bisogno il tuo cliente? Cos'è che rende unico il tuo prodotto? Quali sono le tendenze del settore? A cosa reagirà il tuo cliente? Cosa vendi? (Ad esempio: stai vendendo occhiali o vista)?Quale sarebbe il prezzo?

3. Dov'è il tuo cliente ideale? Geograficamente , dove si trovano? Dove ti posizionerai per farti raggiungere facilmente? Da dove verranno i messaggi di marketing? Revisionerai conversazioni personali, organizzerai seminari o scriverai un blog, una newsletter o un articolo?

4. Quando...? Con quale frequenza saranno i tuoi messaggi di marketing ? Quando è più probabile che i tuoi clienti acquistino?

5. Perché...? Perché sei in affari? Perché i clienti vengono da te? Perché non dovrebbero

rivolgersi ai tuoi concorrenti e scegliere i tuoi prodotti?

6. Come...come acquisti il tuo cliente? Come raggiungerai i potenziali clienti? Come hai intenzione di comunicare le tue strategie di marketing? Come fornirai ai tuoi clienti le informazioni per prendere la decisione di acquisto?

7. Mentalità di marketing- Cerca di padroneggiare una mentalità di marketing e la tua piccola impresa si sposterà verso il profitto e il successo.

I principali fattori di una startup di successo

L'avvio di un'impresa comporta alcuni cambiamenti significativi nella vita dell'imprenditore:

1) Libertà finanziaria permanente.

2) Flessibilità degli orari.

3) La soddisfazione di far diventare realtà la propria vita - indipendentemente dal far crescere l'azienda in una struttura gigantesca o semplicemente continuare a fare ciò che ami fare e guadagnarti da vivere.

Oltre all'entusiasmo per le nuove imprese, arriva la sfida di indossare troppi cappelli: pianificazione strategica, marketing, vendite, produzione, assistenza clienti, contabilità e finanziamenti. Anche se l'azienda è piccola, i compiti sono enormi.

Qualunque sia il campo, i principali fattori di una startup di successo rimangono gli stessi.

1) Una buona idea.

2) Un piano di marketing efficace che non sia troppo costoso.

3) Funzionamento efficiente.

Idee per il futuro

Una corretta idea imprenditoriale è cruciale per il successo dell'azienda. In primo luogo, dovrebbe essere appassionato circa le superfici in acri al lavoro. In secondo luogo, dovrebbero possedere una sufficiente conoscenza, il talento e l'esperienza di essere Guir avanti. Infine, scegli un'attività che produca redditi piccoli e stabili senza grandi investimenti. Questo alla fine supporterà te e la tua famiglia. Alcune idee che possono essere considerate sono: scrittura indipendente, marketing online, web design, contabilità, ecc.

Promozione

Lo strumento di base per commercializzare i tuoi prodotti e servizi sarebbe la distribuzione di biglietti da visita. È possibile progettare la scheda si da soli, usando diversi modelli per biglietti da visita, ma che sarebbe più saggio per spendere dei soldi e lasciare che un professionista farlo. Solo $ 20 ti daranno 500 carte.

Le cartelle colori sono leggermente più costose. Il prossimo passo è costruire un sito Web che consenta ai potenziali clienti di visualizzare le informazioni 24 ore al giorno, 365 giorni all'anno. Circa $ 50 è il costo annuale di manutenzione del sito Web. Altri $ 80 in più ti darebbero due semplici pagine web. Se le prospettive di Internet sembrano buone, allora spendi $ 50 in annunci pay per click (PPC) online . $ 50 in PPC ti porteranno più clienti e genereranno anche entrate.

Efficienza operativa

La gestione aziendale (marketing, vendite, produzione, ecc.) Toglie continuamente i proprietari alle piccole imprese. Non hanno tempo (o conoscenza) per pianificare l'espansione del business. Il risultato è che rimangono una piccola impresa o scompaiono se si verifica un drastico cambiamento nel mercato.

L'efficienza operativa è ancora più necessaria nelle aziende più piccole rispetto alle aziende agricole affermate.

Alcuni metodi per migliorare l'efficienza dell'operazione:

1) semplificare i processi aziendali.
2) utilizzare software di produttività.
3) outsourcing e altri servizi.

Qualcosa di simile: assumere un commercialista per la fiscalità e la contabilità, un'agenzia di recupero crediti, ecc. deve essere fatto. Passa sempre del tempo ad espandere la tua attività.

Errori nella creazione di aziende

Un'economia è principalmente costituita da produttori e consumatori, che sono impegnati in quella che è conosciuta come una transazione. Una transazione economica sarebbe il trasferimento di beni e servizi dai produttori ai consumatori in cambio di denaro.

La creazione di risorse comporta diverse attività. Queste attività possono essere note collettivamente come azienda o azienda. Avviare un'attività non è né facile né veloce. Ecco alcuni elementi essenziali che sono tenuti a fare lo stesso.

Cosa produrre?

Ci sono molti beni di cui è composta un'economia. Pertanto, il produttore deve decidere quale di essi produrre. La ricerca del guadagno personale non può essere l'unico criterio. Le risorse sono scarse e devono essere utilizzate in modo ottimale e per il benessere della società.

Come produrre?

Ci possono essere molti metodi per produrre un prodotto di base. Pertanto, il produttore deve optare per un processo che sfrutti appieno le risorse a costi minimi.

Quanto devi produrre?

Un'offerta in eccesso abbasserà il prezzo e alla fine i produttori subiranno una perdita. Pertanto, produrre per soddisfare la domanda del mercato.

- Capitale

Per avviare un'attività è necessario disporre di sufficiente potere di investimento. Se un produttore non dispone del capitale necessario, può ottenere prestiti da istituti finanziari o collaborare con altri investitori per ottenere sostegno per investimenti collettivi.

- Studio di mercato

Avere denaro non è sufficiente per avviare un'attività. Devi capire il modello di consumo del mercato. Anche se il prodotto ha un'alta probabilità di vendita, deve essere commercializzato in modo tale da attirare l'attenzione dell'acquirente. In caso contrario, i consumatori potrebbero non conoscere tutti i dettagli del prodotto.

- Scala di produzione

Normalmente un'azienda non può raggiungere il livello ottimale di produzione a breve termine. Ciò è dovuto agli input fissi della produzione che non possono essere modificati in base alle esigenze. Questi input portano a costi fissi che riducono il reddito del produttore. Tuttavia, nel tempo, quando l'azienda raggiunge una scala considerevole, questi input fissi scompaiono e rimangono solo le variabili, ovvero il produttore deve affrontare un costo variabile.

- Delega di attività

Nessun business può essere sostenuto sulla base di un singolo spettacolo. Troppe attività coinvolte. Pertanto, è più economico, più efficiente e necessario delegare funzioni a persone specializzate in questi campi.

Pertanto, la violazione di una qualsiasi delle linee guida sopra è un errore di cui l'azienda soffre.

Miti sull'imprenditorialità

Ci sono molti miti sull'essere un imprenditore, molti dei quali sono stati creati dai media. Mentre alcuni sono veri, altri sono chiaramente falsi. I seguenti sono i cinque miti più importanti:

Mito 1: Gli imprenditori vogliono soldi. Punto.

Molte persone pensano che gli imprenditori ci siano solo per i soldi. Questo è vero fino a un certo punto: la paura della povertà, o semplicemente l'insicurezza finanziaria, potrebbe benissimo portare chiunque a un livello più alto, e ci sono quelli che lo fanno per i soldi, ma per la maggior parte delle persone, i soldi non lo sono il tutto e il tutto.

Molti imprenditori hanno l'ego e / o le emozioni come ragioni principali, molti non mantengono gli stili di vita lussuosi che si aspettano da loro e la maggior parte considera il denaro come un modo per tenere traccia.

Mito 2: il mio profitto, la tua perdita.

Le persone spesso fanno riferimento al successo negli affari a spese di qualcun altro. Ciò che significano, ovviamente, è che se un imprenditore sta vincendo, qualcuno da qualche parte ha pagato il prezzo. Questo fa sembrare che ci debba essere un lato vincente e un lato perdente per ogni azienda. Questo a volte viene chiamato "gioco a somma zero".

Gli imprenditori sono in realtà pensatori creativi. Invece di giocare per un risultato "a somma zero", e contrariamente a quanto si suppone popolare, spesso cercano di arrivare a un compromesso, il che significa che tutti lasciano il tavolo soddisfatto.

Mito 3: Maggiore è il rischio, maggiore è la ricompensa.

Molti giovani imprenditori, avendo sentito questo, lo accettano come una verità evangelica.

La relazione tra rischio e rendimento è complicata e in nessun modo riducibile a una semplice dichiarazione.

I rischi aziendali non sono gli stessi di saltare da una scogliera nel buio: conoscenza, esperienza, saggezza, duro lavoro e perseveranza modificano sia il "rischio" che la "ricompensa".

Mito 4: Gli imprenditori si arricchiscono rapidamente.

L'ascesa del 'dotcom milionari' sicuramente fa sembrare che gli imprenditori guadagnano denaro facile, ma dovrebbe ricordare che niente è facile come esso sembra.

È possibile pensare che gli imprenditori si arricchiscono estremamente veloce, ma dedicato molto lavoro per sviluppare idee / prodotti che rendono loro ricchi.

Mito 5: Un buon piano aziendale è il percorso critico dell'imprenditore verso il successo.

Questo è più vero della maggior parte degli altri miti, poiché è improbabile che ti vengano concessi prestiti senza un solido piano aziendale. Tuttavia, un prestito non è in alcun modo equivalente a buoni soldi.

I piani aziendali sono linee guida, sì, ma per avere successo ci vuole molto di più.

Etica negli affari

"L'onestà è la migliore politica", una frase valida non solo nella vita di tutti i giorni, ma anche nell'etica degli affari.

L'etica è molto importante per tutti gli imprenditori. Tuttavia, molti trascurano l'etica come un concetto importante che ha un grande impatto sul successo di una persona come imprenditore e investitore. Gli affari, dopo tutto, comportano la gestione del denaro, sia esso proprio o preso in prestito.

Implica anche la costruzione di relazioni basate sul denaro di successo con clienti e clienti. Queste relazioni devono essere costruite sulla base della fiducia e avere una base etica è un imperativo per costruire la fiducia. Pertanto, l'etica è la pietra angolare del successo negli affari.

È importante rendersi conto che l'etica è importante indipendentemente dalle dimensioni dell'azienda. Indipendentemente dal fatto che tu sia grande o piccolo, o che i nostri clienti siano molti o pochi, l'importanza di aderire a standard etici elevati è la stessa.

L'etica degli affari è strettamente legata alla catena del valore orale che si intreccia in tutte le vostre operazioni. Il valore morale influenza ogni singolo cliente. Non ci possono essere eccezioni indipendentemente dal fatto che i tuoi clienti siano 10 o 10.000 o più. L'etica si applica a ciascuno di essi.

Come disciplina, l'etica degli affari può essere applicata o teorica. O per dirla in altro modo, può essere pragmatico o filosofico. Il primo si evolve tipicamente verso ciò che dovrebbe e non dovrebbe essere fatto, il che funge da guida per raggiungere un comportamento etico. Questi ultimi studi comportano sondaggi sui perché dell'etica degli affari.

Esamina anche la questione della definizione di etica.

Promuove standard elevati, sviluppa un codice e aiuta l'imprenditore ad autovalutare il proprio standard etico personale. Questo standard, a sua volta, aiuta l'azienda a stabilire gli standard di comportamento etico per i propri dipendenti. Un'impresa onesta impiega solo professionisti onesti. Questo deve essere chiaramente compreso in futuro.

Nella maggior parte delle organizzazioni imprenditoriali di successo sono richiesti elevati standard etici. Un dipendente che corrompe qualcuno, anche per favorire gli interessi del suo datore di lavoro, è probabile che venga licenziato. Molte multinazionali si rifiutano di fare affari in paesi in cui le tangenti sono comunemente date e accettate . Questi sono esempi del lato applicato dell'etica negli affari.

Un ultimo punto...Su alcuni fattori non possono esserci impegni etici, indipendentemente da considerazioni di profitti o perdite. Ad esempio, in nessuna circostanza un'azienda dovrebbe violare le leggi del Paese in cui opera, indipendentemente dal fatto che le piacciano o meno.

Suggerimenti per la comunicazione per la gestione aziendale

Anche se hai idee brillanti, non valgono nulla se non le condividi. Pertanto , essere in grado di comunicare in modo efficace è importante quanto essere in grado di elaborare grandi idee. Tuttavia, non tutti sono bravi a comunicare e hanno bisogno di pratica per essere in grado di farlo.

Supponiamo che si verifichi una situazione in cui, per motivi esterni, la produzione dell'azienda debba essere immediatamente raddoppiata . Ma i tuoi manager non possono fare il lavoro per i dipendenti, che non sono disposti a fare il possibile per l'azienda. Ciò si traduce in perdita di denaro e reputazione per l'azienda.

Quindi qual'è il problema? Non è che i dipendenti non siano pagati o privati di altri benefici. Quindi il vero problema qui è la mancanza di comunicazione tra il datore di lavoro e il dipendente.

Si dimentica spesso che la comunicazione interna è parte integrante della strategia di comunicazione aziendale. L'intero focus è sulla comunicazione esterna, l'azienda e i manager dipingono felicemente quadri rosa per i clienti. Ciò porta senza dubbio a un lato positivo del marketing, ma indebolisce piuttosto la strategia operativa.

Un altro problema causato da scarsa comunicazione e/o mancanza di comunicazione è la crescita della vite negativa. Questo canale di comunicazione non ufficiale può portare a disaffezione, facendo diminuire i profitti.

Per garantire la crescita, è necessario disporre di canali di comunicazione sia interni che esterni. L'intero sistema di comunicazione deve avere un unico scopo e scopo. Non puoi permettere che sia pronunciato senza mezzi termini. Tutto ciò che viene comunicato, sia ai clienti che ai dipendenti, deve essere realizzato con cura per raggiungere gli obiettivi che ti sei prefissato.

Se ti concentri sulle esigenze del tuo segmento di destinazione, è possibile stabilire una strategia di comunicazione efficace. Si preoccupano dei loro obiettivi, ma solo nella misura in cui ne traggono beneficio . Quindi identificati con le tue esigenze e comunica i tuoi obiettivi in base ai quali si identificano.

Se si grazie suggerimenti e anima a noi dipendenti di fare commenti, hanno l'opportunità di presentare i loro suggerimenti un modo costruttivo, ma questo sopprimono anche la voce e permetterà loro di sentirsi coinvolti.

Quando si ricevono consigli o suggerimenti, reagisci positivamente. Assicura ai dipendenti che i loro reclami vengono notati e che verranno intraprese azioni positive.

Assicurati che il tuo messaggio non sia perso in un labirinto gergale e possa essere compreso dal tuo pubblico di destinazione.

In breve, per raggiungere i tuoi obiettivi, devi comunicare chiaramente le tue idee.

Gestione del tempo per gli imprenditori

La gestione del tempo è considerata l'arte che ti insegna le varie tecniche per aumentare la tua efficienza e completare il lavoro in sospeso. Essere in grado di controllare e gestire il tempo nella tua vita personale è importante, ma nel caso della tua attività, è fondamentale e necessario per raggiungere il successo.

I programmi di gestione del tempo aiutano i proprietari di piccole imprese a gestire e controllare efficacemente il tempo attraverso l'uso di calendari e pianificatori elettronici. La "lista delle cose da fare" ha dimostrato di essere uno strumento efficace nella gestione del tempo. La pianificazione delle azioni, tuttavia, richiede anche molto tempo, rendendo l'utilizzo del software una necessità essenziale.

Il successo è il risultato della pianificazione dei tuoi obiettivi, nonché del tempo, dell'implementazione delle routine e della pianificazione delle attività. I programmi di gestione del tempo possono rafforzare il flusso di lavoro dei dipendenti e le attività di produzione utilizzando promemoria scritti o elettronici o software "to do list".

È indispensabile che i proprietari delle piccole imprese pianifichino, preparino, stabiliscano le priorità e controllino le loro attività insieme alle attività degli altri membri del team e stabiliscano anche obiettivi per il successo dell'azienda.

Questo è davvero un compito facile una volta che hai il tempo di gestione del software corretto. Molti di questi programmi includono la pianificazione degli obiettivi a lungo e breve termine, l'analisi dei dati, le previsioni future e i grafici delle prestazioni. Queste sono funzioni che non sono disponibili nel software dell'elenco attività di base. Non sottostimare l'importanza del software nella "lista" quando si pianificano gli obiettivi.

La gestione del tempo è estremamente importante per una piccola impresa. Pertanto, i guru della gestione del tempo sono comuni al giorno d'oggi che danno consigli su come gestire il tuo tempo. Sono meglio conosciuti come gestori del tempo che, dopo aver letto il piano aziendale, danno priorità alle attività per i team di lavoro su base giornaliera.

Con l'aiuto del software di gestione del tempo, possono fornire ai datori di lavoro rapporti dettagliati sulle tendenze delle attività quotidiane, permettendo loro di correggere valori, attività e priorità.

I time manager sono anche il nome comune per i programmi di gestione del tempo e le diverse soluzioni di gestione del tempo disponibili oggi sul mercato per le piccole imprese. Questi vanno da classici libri di carta, a vari software per elenchi di cose da fare, organizzatori, promemoria, calendari e pianificatori, tra molte altre cose.

Attributi di leadership per il successo aziendale

Le qualità di leadership non sono qualcosa con cui sei nato e quindi devi acquisirle se sei un aspirante imprenditore. Le competenze possono essere facilmente acquisite prendendo in considerazione alcune cose di base che sono necessarie per qualsiasi tipo di leadership, sia nel mondo degli affari che in altro modo. Il successo di qualsiasi azienda dipende dall'efficienza del manager o del proprietario nella costruzione di una cultura del lavoro sana e produttiva .

Ogni leader deve avere una visione per il lavoro che sta gestendo. Avere il giusto tipo di visione è importante, poiché è estremamente cruciale nel tenere insieme i vari aspetti del lavoro. Una visione sbagliata non solo porterà fuori strada i dipendenti, ma rovinerà anche tutto o l'azienda. Una visione chiara ti aiuterà a iniziare e ti aiuterà anche a vedere il lavoro con successo.

Una visione è qualcosa per cui l'intera azienda lavora e continua fino a quando non viene raggiunta.

Un efficace spirito imprenditoriale aiuterà il manager e i dipendenti a realizzare questa visione. Idee e opinioni devono essere condivise da tutti i punti di vista. Ciò farebbe sentire tutti parte dell'intera azienda. Il manager deve assicurarsi che i suoi dipendenti non siano semplici lavoratori qualificati che sono lì solo per fare soldi, ma sono impegnati nella visione dell'azienda.

Il manager deve ispirare e motivare i dipendenti a lavorare verso un obiettivo comune. Il business diventerebbe così un mezzo per raggiungere questi obiettivi. Ciò non significa che l'attenzione dovrebbe essere esclusivamente sui risultati e non sul lavoro stesso. Ogni passo compiuto dai dipendenti deve essere attentamente analizzato e i dipendenti devono ricevere feedback sullo stato di avanzamento del lavoro.

Ciò garantirebbe la qualità degli esperti e risultati encomiabili per l'azienda. Il leader deve creare un ambiente di lavoro sano che offra ai dipendenti lo spazio e la libertà di pensare liberamente e applicare la propria immaginazione per svolgere il proprio lavoro. Un rigido sistema di lavoro alienerebbe i dipendenti gli uni dagli altri e dal leader. Ciò comprometterebbe l'intero sistema e comprometterebbe la visione dell'azienda.

Qualsiasi tipo di attività include il pubblico di destinazione, che sono i clienti dell'azienda. Il leader deve anche concentrarsi sui clienti, ottenendo risultati che raggiungano un pubblico più ampio.

Calcola i tuoi costi iniziali

I costi di avvio pongono problemi a tutti noi. Sono fondamentali per ottenerne uno in un accordo e quindi è molto importante misurare la posta in gioco. Ecco quindi dieci suggerimenti utili su come stimolare i costi di avvio della tua attività .

1. In primo luogo, si deve per riflettere attentamente e comprendono i costi di tutte le cose che dovete in Estimat costi di avvio di ioni del vostro business. Ricordate sempre , che tale importo è diverso da l'importo di base di costi necessari per la vostra azienda maggio sopravvivere l'anno. Oltre a ciò, ci sono altre cose che hanno bisogno di soldi, tra cui pubblicità, sedie e forniture per ufficio , inventario, registratori di cassa e forniture di servizi. Il costo iniziale dovrebbe anche prendere in considerazione tutti gli altri elementi che sono dimenticati.

2. Non accettare prestiti bancari a meno absolut ely necessario. E anche se te garantisce che può pagare gli interessi che il divieto co intenzione di pagare. Chiede anche per i tassi di interesse non vogliono che sono troppo alti.

3. Prendi in considerazione le spese della tua casa durante il periodo che è l'inizio della tua attività. Assicurati di avere abbastanza contanti per coprire l'importo o le credenziali per acquistare un prestito che copre l'importo.

4. Si dovrebbe essere in grado di giudicare la quantità di prodotto che è necessario per farsopravvivereil business al suo primo anno. È inoltre necessarioper essere preparati a qualsiasi altra spesa che può verificarsi sporadicamente di tanto in tanto durante l'anno.

5. Ottenere organizzato in modo tale che si è preparato per eventuali costi aggiuntivi che

possono sorgere a intermittenza durante tutto l'anno.

6. Devi tenere conto dei costi alimentari per l'intero anno. Il tuo budget dovrebbe lasciare abbastanza soldi per cibo e altre spese di base. Questo ti proteggerà dai rischi durante il primo anno di attività.

7. Tieniti pronto con la società afornirecredenziali per assicurarti un prestito se il tuodenaro si esaurisce qualche volta nel corso dell'anno. Si consiglia di ottenere un prestito solo se è possibile, abbastanza per generare una spinta. Se il tuo lavoro non sta andando molto bene nel primo anno, potrebbe volerci un po' più di tempo.

8. La paga che sideve pagare ai propri dipendenti, vale a dire se si dispone di un tot numero didipendenti, è un'altra cosa che deve essere preso in considerazione. Ciò include l'assicurazione commerciale, qualsiasi assicurazione sanitaria e,

naturalmente, i pagamenti dei lavoratori. Si deve anche di pagare una tassa per la città per qualsiasi parte - dipendente a tempo o comp leto che avete a lavorare per to azienda.

9. Potrebbe essere necessario per sostenere gli esami per la certificazione a seconda della natura del business. Questi test costano denaro. Ma possono essere un punto a favore per il riconoscimento del tuo business su larga scala.

10. Puoi sempre vendere alcuni oggetti personali per ottenere denaro extra nel caso tu non ne abbia abbastanza. Ma assicurati che la tua azienda offra abbastanza sicurezza per vendere questi articoli. L'ultima cosa che vuoi è essere rovinato perdendo la tua azienda e anche tutti i tuoi beni costosi perché li hai venduti per avere abbastanza soldi per avviare la società.

Ottenere fondi di investimento per la tua azienda

Uomini e donne d'affari di successo che vogliono investire il loro capitale in società in difficoltà o nella creazione di franchising sono chiamati Business Angels. In cambio dell'investimento, di solito vogliono debito convertibile o patrimonio immobiliare. Al fine di ottenere un buon ritorno sul proprio investimento, hanno in programma di utilizzare la propria esperienza per trasformare il business in successo.

Grazie alla loro esperienza, i Business Angels sono molto attenti a chi investono. Il suo piano d'azione consiste nell'investire quando le azioni sono economiche, lavorare con la società, costruirla e poi vendere la società matura dopo alcuni anni ad altri agenti di cambio o al proprietario originale.

Dragons Den è un programma popolare che ha investitori in attesa di investire in un'azienda. Come imprenditore, è importante avere un buon passo di vendite e prepararsi in anticipo. Aiuta ad avere una chiara strategia aziendale. I draghi sono di solito bravi a notare se il pubblico di destinazione e il mercato non sono stati adeguatamente investigati.

Per impressionare i draghi, è importante avere proiezioni di vendita accurate: vogliono fatti come risposte alle tue domande, non bugie. In genere non investiranno in un'attività ad alto rischio se ritengono che sia possibile. Sono esperti nel loro settore, quindi i loro consigli sulle idee imprenditoriali sono molto preziosi e dovrebbero essere presi in considerazione.

La fiducia è molto importante. La voce, la posizione e l'atteggiamento sono molto rivelatori quando si tratta di fiducia, quindi aiuta a coprire queste aree quando si tratta di convincere potenziali investitori. Le domande dovrebbero essere preparate a: Pensare a cosa potrebbero chiedere gli investitori è una buona strategia.

Le domande sui potenziali benefici e guadagni dell'azienda sono naturali, quindi la chiave è pensare in modo diverso. Le aree del business che lo rendono unico e diverso dagli altri dovrebbero essere evidenziate al fine di eliminare la concorrenza.

L'impegno è un altro fattore vitale. Agli investitori informali piace vedere i lavoratori impegnati. Sono generalmente colpiti se la società include parte del capitale proprio del principiante. Tuttavia, se migliaia di sterline sono già state investite nel business e non stai ancora facendo soldi, saranno caute.

I Business Angels sono molto facili da trovare al giorno d'oggi, grazie a Internet. Esistono centinaia di siti dedicati alla ricerca dell'investitore giusto per un'azienda. Ci sono anche gruppi di angeli o reti di angeli. Pertanto, avviare un'attività non è mai stato così facile: investire è un gioco da ragazzi!

Segna la tua attività

Legare un marchio identificabile alla tua attività è molto importante per garantire il successo. Il termine branding è un conglomerato di numerose funzioni che devono essere assunte per garantire il successo aziendale. Il marchio avvia azioni successive in varie aree, come ad esempio:

1. Aumentare la percezione e la visibilità del nome e del logo dell'azienda.

2. Formulare un nome di società che possa immediatamente ispirare la fede pubblica.

3. Identificare con cura e coltivare il profilo del potenziale consumatore.

Il marchio, incluso il nome e il logo dell'azienda, non è un bene tangibile di un'azienda, a differenza dei beni fisici come risorse e istituzioni, ed è utile solo per aumentare l'avviamento dell'azienda e accentuare il reputazione e identità dell'azienda.

Una pianificazione attenta e attenta deve entrare nel marchio, prima di essere implementato per massimizzare i profitti. Prima di avviare la creazione del marchio, è necessario garantire l'identificazione e l'isolamento della base di attrazione del consumatore con incentivi specifici e la comprensione dei suoi requisiti.

Alcuni passaggi essenziali per garantire e creare un marchio di successo per l'azienda:

Coerenza degli annunci: Pubblicizzare il proprio marchio implica mostrare ed enfatizzare i punti unici del marchio, che mancano alla concorrenza. Questi punti devono essere ripetutamente enfatizzati e annunciati, in modo da creare valore di recupero all'interno della tua base di clienti. Il pubblico deve essere assolutamente pieno di questi annunci in modo da ricordare regolarmente questi marchi.

Servizio al consumatore: Le risorse umane sono un ingrediente vitale per il successo di qualsiasi azienda, quindi è essenziale un'adeguata assunzione del personale addetto alle vendite. Devono essere sicuri della loro posizione nel processo di costruzione del marchio.

Ogni cliente deve essere rispettato e compreso e non essere attento o ignorare anche un solo cliente può comportare enormi perdite per l'azienda. Il personale non collaborativo dovrebbe essere licenziato, perché la risposta favorevole di un cliente aiuta ad attirare altre dieci persone.

Percezione pubblica: Il trattamento per singolo cliente può diffondersi molto rapidamente con il passaparola e la pubblicità negativa mette a rischio la tua attività . Mentre promuovi il marchio, non dovresti fare promesse false e illegittime. Il processo di acquisto e fatturazione sarà semplificato per garantire il comfort del cliente. Gli impegni precedenti devono essere rispettati, in tempo, per aumentare l'avviamento del marchio.

Uso dei progressi tecnologici: La negazione dell'impatto di Internet sulla promozione e sul marketing delle imprese sarebbe inappropriata. Le richieste di informazioni da parte dei clienti su Internet devono ricevere risposte soddisfacenti. Il business deve anche essere regolarmente aggiornato e implementato con tecnologie avanzate.

Visita la nostra pagina degli autori su Amazon! E ottenere più libri di MENTES LIBRES!

https://www.amazon.it/MENTES-LIBRES/e/B08274DDV4?ref_=dbs_p_ebk_r00_abau_000000

Se lo desiderate, potete lasciare il vostro commento su questo libro cliccando sul seguente link in modo che possiamo continuare a crescere! Grazie mille per il vostro acquisto!

https://www.amazon.it/dp/B089NJRN1D

www.ingramcontent.com/pod-product-compliance
Lightning Source LLC
Chambersburg PA
CBHW071120240526
45465CB00022B/734